1

El Cofre de los Besos

José Héctor Buelna

El Cofre de los Besos

© J. H. Buelna Ediciones

jhectorbuelna@gmail.com

Primera edición: enero de 2020

Portada: Juan Charly Rodríguez
Contraportada: Amador Bejarano
www.facebook.com/Entrelibrosyestrellas

Registro Público del Derecho de Autor:
03 – 2019 - 110811485500- 14
ISBN: 9798650417279

Este poemario es un extracto del corazón de su autor; es una obra literaria de ficción, por lo tanto, es producto de la imaginación. Los lugares, así como los acontecimientos relatados, son ficticios. Cualquier similitud con la realidad es mera coincidencia.

Este libro ha sido escrito, impreso y hecho en México.
Printed and made in Mexico

ÍNDICE:

Gracias al Universo, a la Naturaleza y al Amor en todas sus manifestaciones, por estos destellos de inspiración.

— ¿Qué es un beso? —

¿Qué es un beso? Un beso es:

La brújula idílica que evoca el vagabundo errante avivando su deseo encubierto por volver a su hogar.

Un beso es:

La varita mágica que desintegra la amargura misma que apacigua las tormentas del alma agitada.

Un beso es:

La medicina prodigiosa que precisa un niño triste la que reaviva sus fantasías y reanima sus ilusiones.

Un beso es:

La libélula de alas diáfanas que revolotea en el jardín la que despoja las penas de un anciano al volar a su derredor.

Un beso es:

Un faro majestuoso que gusta de romper las tinieblas

aliviando el espíritu del náufrago con luz esperanzadora.

Un beso es:

Un fósforo eficaz que enciende la piel de los amantes, que se reproduce sin cesar, agitando la lava de sus volcanes.

Un beso es:

La posible kryptonita de los seres malvados y tiranos, quizás el extractor de odio que pudo impedir un holocausto.

Un beso es:

El mapa de recuerdos más preciado del emigrante, que al leerlo con el alma, despierta su anhelo por volver.

O quizá un beso sea el nuevo afán de dicho emigrante...

ese beso inesperado y fascinante que ha atrapado su corazón.

— Mientras regresas —

Mientras regresas, besaré la brisa marina, aspiraré profundamente su frescura, luego me buscaré un rincón en la cafetería.
No estoy solo, percibo tu presencia, estás en mi cálida taza de café y en el exquisito olor de la molienda.

Mientras retornas, besaré esta súbita llovizna, aspiraré de la tierra el petricor que emana, luego me buscaré un sitio junto a la ventana.
No estoy solo, percibo tu presencia, estás en el libro nuevo que leo y en el aroma del papel impreso cuando lo hojeo.

Mientras vuelves, besaré el verdor de la montaña, aspiraré profusamente el efluvio de los pinos, después hornearé nuestro pan casero de invierno.

No estoy solo, percibo tu presencia, estás ahora en mis inciensos de albahaca y en los balcones adornados de jazmín.

Eres fresca rama de canela, impregnada en los recovecos de nuestra casa y de mis recuerdos, por eso, mientras regresas, te besaré en todas mis fragantes soledades.

Y, mientras me abraza con fuerza la soledad, mi mente seguirá forjando la llave que abre el palpitante cofre que por ti resguarda mi pecho, ése que atesoro, ése que tú sabes... es el cofre de los besos.

— Tú sabes quien soy —

Soy yo, quien algunas veces se reprimió, quien se dio mil veces, pero en modo imaginario. Soy quien se dio tímidamente haciéndote soñar.

Soy quien agitó las alas de las mariposas de tu vientre. Soy quien estremeció tu mente, corazón y hasta las piernas. Soy el pícaro causante del despliegue de tus emociones.

Soy yo, quien en los altares se ha dado solemnemente, quien sella acuerdos y enlaza a seres ilusionados, quien sabe despertarte en las mañanas dulcemente.

Soy yo el que socializa y también a veces se da con prisa, quien puede contagiar si me compartes cuando enfermas.
Soy quien se entrega jubiloso cuando logras lo que sueñas. Soy quien sabe certificar el amor que sientes por tu familia.

Soy yo, quien desvanece el stress de una ardua jornada. Soy quien puede romper el hielo cuando se da con valor, quien hábilmente amansa las bestias de la tensión. Pero también...

Soy yo el mejor preámbulo y quien dilata tus pupilas. Soy quien te causa euforia con mi poder adictivo, quien exalta tus sentidos hasta el punto de la embriaguez. Soy quien busca deleitar tu boca y apasionarte la piel, quien enloquece tus momentos al repetirse por placer.

Siempre vivo así, manifestando mis diversas identidades
siempre he sido así, y, ¿quién soy yo?... tú muy bien lo sabes.

— No sé qué deseo más —

No sé qué deseo más… si el marrón de tus ojos o el rojizo de tus besos, y concluyo que tus besos, porque impulsan mi mente a una vorágine de colores.

No sé qué deseo más… si tus suaves caricias o tus férvidos besos, y concluyo que tus besos, porque me acarician con fervor la boca.

No sé qué deseo más… si tus tiernas miradas o tus dulces besos, y concluyo que tus besos, porque antes de entregarlos, miras dulcemente mi boca.

No sé qué deseo más… si tu cálida piel o tus desaforados besos, y concluyo que tus besos, porque se frotan ardientes y desmedidos en mi boca.

No sé qué deseo más… si tus frases poéticas o tus sensuales besos, y concluyo una vez más, que tus besos, porque desbordan poesía en los sentidos de mi boca.

— Algo de lluvia —

Quiero algo de lluvia, una lluvia…
que desprenda aromas de paz a la tierra
que sea muy grácil y a la vez bondadosa
y así jamás despoje a nadie de su hogar.

Quiero algo de lluvia…
una que purifique las mentes de la ciudad
que desvele los sentimientos encubiertos
una que apacigüe al corazón endurecido.

Quiero algo de lluvia, una lluvia…
que mitigue el calor que abochorna la razón
que derrita el témpano que enfría el corazón
y que revele las semejanzas de los humanos.

Quiero algo de lluvia…
Con gotas de besos e impávidos abrazos
tan valerosos que deshagan resquemores
que expulse las vibras perniciosas del alma
que nos hermane y nos restituya el sosiego.

— No consigo soñarte —

A veces muero de sueño y temo despertar sin ti.
Burda inseguridad que emerge de tu ausencia.
Evito contar los días y las horas añorándote...
suspirándote, pero eres mi deseo ineludible, sabes
revelarte en cada lugar y en cada objeto.

He saturado mis pensamientos de ti. Cada instante
vienes y vas. Mi mente intranquila te busca sin
cesar, buscándote en complicidad con el corazón;
quizá sea por eso que no... que no consigo soñarte.

Evocar momentos compartidos es belleza inefable:
la hoguera que encendemos al rozar tu piel con mi
boca, los resquicios que lentamente se consumen
en llamaradas, la nueva leña que brota y vamos
lanzando al fuego... o los dedos de las manos, como
tonos musicales, es tu búsqueda de acordes.
Acoplamiento de armonía y ritmo. Meliflua
melodía que solemos encontrar.

A veces muero de sueño, pero... temo morir y
resucitar con una pesadilla, una donde ya no

quieres regresar... mas pienso en el dulzor
fulgente de tu mirada, y me rescata lo sublime de
aquel primer beso. No obstante, sé que no
conseguiré soñarte, porque estando despierto...
de ti, he saturado mis pensamientos.

— La Farola —

Cómo conciliar el sueño, si...
impregnado traigo las flores de tu aroma
no puedo ni quiero apartar tu imagen de mí
mi pecho aún se agita al revivir la sensación
quizá porque tu esencia se mudó a mi palpitar.

Cierro los ojos, pero no duermo...
te vuelvo a ver bajo la luz ambarina de la farola
palabras fugitivas al roce de tibias manos
los ojos llenos de ternura se hablaron
y nuestras almas blancas se amartelaron.

Ahora, tú estás allá... y yo sigo aquí
tus pensamientos viajeros vienen hacia mí
los míos, escurridizos, vuelan hacia ti
aunque al pensarlo bien, creo estar equivocado
seguramente ambos volvemos al mismo sitio:

Sobre la farola nos observaba una gaviota
ésta batió las alas y lustró las estrellas con su
vuelo, luego la luna del verano bebió las olas del
mar y tú, tomándome por sorpresa... me robaste
un beso.

¿Cómo conciliar el sueño así?, si no dejo de sonreír.

— Recité al viento —

Le recité al viento cuánto te quiero, y él, muy hábil y presuroso se llevó mis palabras en un rumor. Voló sobre montes boscosos buscando un sólo destinatario. Voló silbante y excitado, enfocado solamente en un corazón.

Pude imaginar la ejecución de mis deseos: debió bajar suavemente hacia tu piel. Debió elevar las hojas de maple sobre ti. Debió refrescar el calor de nuestra espera, y, debió murmurarte las palabras que ante tu presencia no sé decir.

No pude verlo, pero sé que viajó hacia ti, para depositar mis palabras entre los rizos de tus cabellos. Debió dejarlas con una caricia tenue y a su paso debió besar tu frente bendita. Debió besar tus cálidas mejillas, lentamente, y posar el beso más sublime y fervoroso, sobre tus labios de menta y miel.

Sé que fueron palabras inaudibles, porque mi voz llegó a ti en un suspiro, motivo que volcó tus pensamientos hacia mí, pues sentiste un cascabeleo en tu corazón, ya que al mismo tiempo, yo también pensaba en ti. Fue una llamada en un eco... o una enigmática atracción.

— Amo —

Amo tus ojos cuando me buscan, cuando me miran, me provocan pintarte con palabras y así poetisar. Igual los amo cuando vibran chispeantes de asombro o cuando de ellos ruedan lágrimas mustias o de felicidad.

Amo tu piel cuando me roza, cuando me sonroja... me sugiere la melodía que nos acerque a danzar, porque también amo tu piel cuando me entibia, cuando me eriza, cuando la siento arder y transpirar.

Amo tus manos cuando me protegen, cuando acarician... inspiran a las mías sobre tu cuerpo, a esculpir, a moldear; adoro como deslizas sus cálidas palmas sobre mi rostro, cuando me recorren, cuando atrapan y estremecen.

Amo tus labios cuando me sonríen y cuando murmuran, cuando lanzan un beso y me invitan a crear un rascacielos. También los amo cuando callan, porque lucen exaltados, entretanto, esperaré su tibia humedad y que me muerdan en su prisión.

— Los primeros besos —

Aquel primer indeleble beso, el que me sacudió como un sismo, cuyo epicentro se produjo en mi corazón... es el más memorable cuando no estás. Fue una vibración íntegra y súbita en mi cuerpo. Las réplicas llegaron después, cuando recuperamos el aliento, cuando las miradas prolongaron las caricias.

Y en aquel segundo encuentro, me até a los cabos de tu sonrisa, a dos hoyuelos que encontré como santuario, donde este devoto, nuevos besos depositó.

Hoy releo tus cartas que destilan añoranza, las que al final firmaste con tus labios de carmesí. Le correspondo a ese beso pintado, mientras, inmensamente deseo que leas mi contestación:

"Mi almohada, cómplice de oníricos momentos, coincide conmigo en que duele tu ausencia, en que hay millones de besos por entregar, como estrellas en el firmamento sin contar.

— Estrella del desierto —

Como un chamizo errante en el desierto, rodando sin saber dónde detenerse a llorar, sentí crujir enteramente mi osamenta. Desolación y abandono emanaron mis espinas.

Soy un saguaro esperando las ventiscas; quiero sean fuertes y que borren tatuajes, esos que grabaste con tus tórridos besos, pues recorren mi piel y carcomen mi pecho.

No demores tanto, tormenta de arena... arrójame las dunas ardientes de sol. No quiero vestigios de su amor ingrato; de mi alma triste suprime los estigmas.

Esperé de pie bajo tantas lunas, hasta que una estrella me dio la respuesta:
"Haz crecer tu vida y ya no te lamentes. Recibe un cielo nuevo, recorre el camino y despeja tu mente".

Al día siguiente, bañado de rocío, una nube peregrina me cubrió con su sombra. Un extraño bienestar me provocó una sonrisa... fue su fresca caricia, fue su breve paso por mi existencia.

Mis espinas y mi corteza, deprisa se desprendieron. Desencajé mi cuerpo del arenal... me despedí del saguaro.

Comprendí que mis días se me dieron para vivirlos, que vienen como sorpresa en envolturas doradas, que pueden ser grandes regalos, y, solamente falta abrirlos.

— Le ha besado la luna —

La luna en su osadía platinó sus gotas de sudor
la soledad de la arboleda lo invitaba a meditar
pensó en la distancia que enfrentaría con valor
al camino arcilloso salpicó de sueños en su andar.

Escasas luces laterales por instantes lo distraían
pero volvía a sumirse en un mar de pensamientos
recordó las viejas glorias y anheló las que venían
valorando sus pisadas en días de lluvia y de vientos.

Cálida noche de verano y sigue empeñado en correr
sus piernas buscan distancia con gran determina-
ción,
se siente tan bien que quisiera ver así el amanecer
recorriendo los mil recovecos que señala el corazón.

Le ha besado la luna mientras le alumbra el sendero
le ha besado el viento, el impetuoso, el mesurado
y al besarle la fresca lluvia, va como alegre trovero
será la locura que sostiene… la de vivir enamorado.

Un aroma de coníferas le va dando la bienvenida
él desea detenerse, tan sólo a contemplarlas
baja el ritmo de zancada para absorber aquella vida
atesora formas y colores, para jamás olvidarlas.

Las horas volaron deprisa, y él emprendía el regreso
de frente, miles de estrellas parecen querer guiarle
añoró el cariño de madre, su dulce voz y sus besos
y el lucero mayor centelleó, como queriendo cuidarle.

Le cantan historias los grillos y él finje comprender-
los,
un croar retumbante de ranas se adicionan al
concierto
les agradece y aplaude aunque jamás pueda verlos
y se espanta el búho pardo, pues lo observa
aliabierto.

Le ha besado la luna mientras le alumbra el sendero
le ha besado el viento, el impetuoso, el mesurado
y al besarle la fresca lluvia, va como alegre trovero
pues una locura sostiene... la de vivir enamorado.

— Arena dulce —

Por un cruel desamor me refugié a la orilla del mar
mi esencia pulverizada se dispersó sobre guijarros
frente a mí, fulgieron miles de crestas espumosas
y creció un oleaje murmurador de infinita placidez.

El mar, compadecido de mí, me remojó los pies
quise atravesar sus aguas y alcanzar sus piélagos
erigí un largo puente, tan extenso como ilusorio
y así llevé mi alma viajera, sobre sus frías olas
me encaminé sobre él, con la calma de una tortuga
un gran silencio me mostró, sublime sonoridad
gama inquieta de azules bailotearon en mi entorno.

En mi andar, desarraigué las penas del corazón
una a una, las esparcí hacia la brisa del mar
y todos aquellos besos que me dieran felicidad
los arrojé, atados a la pesada ancla de mi dolor
y los peces de mis ojos se vertieron sin cesar
lágrimas que nadaron en la búsqueda de mi paz.
Los átomos de mi cuerpo se tornaron en positivo:

¡Oh, frescor de brisa eterna!... has sacudido mis
pesares.
¡Oh, generoso ponto mío!... soy feliz velero en tu
vaivén.

Tras mi desahogo, el mar musitó en su lenguaje:
"El ancla se queda aquí, mas quédate con los besos
que en mi profundidad se perderían para siempre
deja que los erosionen las bruscas olas de tus días
y serán arena dulce... en la playa de tus
recuerdos".

— Llovizna de otoño —

Colorida hojarasca han extendido los arces
pintan el sendero sus rojos, ocres y marrones
con sabor de mi café y el frescor de la mañana
la atmósfera del pinar lleva mis pasos hacia ti.

En el lago un pecesito, como eterno enamorado
aguardará el ocaso y el fulgor de su luciérnaga.
Un sauce llorón quiere elevar sus ramas caídas
mientras, en reposo, espera a su amigo el viento.

Una rana trasnochada, descansa en su nenúfar
su croar ilusionado... se lo ofrendó a la luna.
Unos osados ciervos se devoran las manzanas
y alrededor del huerto, crujen las hojas de maple.

Como cada viernes, te espero en la banca de leños
detrás de mí, la fronda y un gorjeo de arrendajos
y al pensarte ya te abrazo, anhelando tu presencia
como llovizna de otoño, hoy se deshojan los besos.

— Río de estrellas —

Quiero escribir y enviar las palabras hasta Plutón
quiero que viajen las letras por el sistema solar
deseo que mis besos manuscritos lleguen hasta ti
ojalá te encuentren en cualquier tiempo o espacio.

Quizá me leas con matices de nostalgia y soledad
quizá escribí para aligerar mi alma de sus pesares
o por un exceso de dicha que produjo el recordarte
ojalá halles en mis letras algo que aún ames de mí.

Quiero remitir las letras con destino a... los astros
quiero que viajen mis pensamientos por la galaxia
que nuestros besos naveguen en tu río de estrellas
ojalá que no terminen en un planeta llamado
olvido.

Porque, escribo hurgando en nuestros recuerdos,
temiendo que se muden a una vaga reminiscencia.
Porque te pienso y eres como cometa de
inspiración, ése que una estela radiante de letras a

su paso emitió. Y no se detiene en la mente, y no se conforma jamás, vuela dicidida e insistente... por hallarte en el corazón.

— Ojos negros como perlas —

Bastó una porción de playa donde aferrar mi soledad. Con cada atardecer renacían las flamas de mi pecho; quise apagarlas con las frías aguas del oleaje, pero ni un océano podría ante cruel destino por vivir.

La arrullante hamaca se mecía como fragata en altamar. Instalé mis recuerdos sobre la plácida línea del horizonte:

"Amo tus ojos negros... son como perlas de Tahití", me dijo tantas veces.
"Yo, tus cabellos bermejos como el cielo en el confín del mar", solía responderle, atesorando nuestras palabras en un cofre de ilusiones.

Y las gaviotas (que amantes son de leer mis pensamientos) parecían murmurar en su bullicioso vuelo:

"¿Por qué no desistes en volver? ¿Por qué continúas esperando? No fuiste tú, ni fue ella... fue el mar quien fracturó la promesa de los dos".

Y volví otro día nuevamente, para contemplar la puesta de sol, con mis vetustos ojos aún anhelantes de su presencia. Esa vez las nubosidades me ocultarían las primeras estrellas, mientras que un obstinado aire salinoso gustaba de carcomer mi piel.
Fue de pronto que el universo con un relámpago respondió, y surgió sobre olas lejanas, una silueta flotante y extraña. Por impulso dejé la hamaca ante amenazantes penumbras. Mi instinto socorrista me dirigió hacia la orilla, aligerándome los pasos.

No comprendí la presencia de aquellas rocas bajo mis pies, mucho menos que al verla a ella, lo soportara mi corazón. Con más amor que miedo bajé al encuentro de lo inaudito. Las álgidas y arenosas aguas hicieron temblar mis rodillas. Sus irisados ojos de nácar me miraron con amor profundo. Su voz, un eco de caracola, fue acariciando mis percepciones:

"Soy yo, amor, no temas", dijo y me ofreció sus húmedas manos. Sólo un "te he extrañado tanto", emitieron mis trémulos labios.

La estreché entre mis brazos tras una borrasca de emociones. Pero, al entregarle mi febril beso... sentí traspasar un umbral sombrío, y aparté mi boca. Un relampagueante estruendo sorprendió hasta el mismo cielo. Fue un instante de locura, cuando temeroso la solté. Su cuerpo se había convertido en una inerte escultura de sal.

Olas bravías lo vapuleaban, lo disolvían con prontitud.

Con puños airados reclamé al mar por ese acto de crueldad, hasta que una fortuita oleada me abatió los sentidos.

Amanecí sobre la arena, creyendo haber vivido un prodigioso sueño. Al mar, esa vez agradecí por la oportunidad de volverla a ver. "Eso fue un milagro", "No, eso fue solamente su locura", suele la gente murmurar desde entonces.

Lo que yo puedo agregar a lo acontecido tras aquel despertar, es que uno de mis puños reposaba sobre mi pecho, y al abrirlo, fue que ella apareció: La perla negra más hermosa y rutilante... que del mar emergió para acompañar mis días, desde aquella ocasión.

— Daguerrotipo —

Hay días en que huyen de mí los colores, que me corre sangre gris por las venas, que la piel se torna en blancos y tonos oscuros... me quedo casi incoloro.

Hay veces en que lucho por retener mis colores. Me empeño en derribar los momentos insulsos y de hastío, pero sólo obedecen y se marchan al verte llegar.

Hay días largos, en que nada parece tener valor, se prolonga la ausencia y la necesidad de ti se acrecenta. A campo abierto y soleado, me siento desteñir lentamente. Bajo un cielo grisáceo sufro una especie de mimetismo y un arcoíris no existe, es algo invisible para mí.

Soy quien dicen, que por amor, ha perdido la razón. Soy una imagen viviente e impresa al daguerrotipo. Soy quien no tolera los días nublados ni los inviernos largos, y soy quien habita en una jaula, por un transtorno mental.

Hay días buenos, que de pronto pasan a ser maravillosos... ocurren cuando al fin regresas a colorear mis abismos de soledad; con tu sonrisa entintas el desasosiego, con tu voz aumentas los contrastes y el color, pero... con un beso, produces la sinestesia que recorre mi cuerpo. Huelo el rico carmesí de tus labios palpitantes, escucho los verdores parlantes de tus ojazos, y veo los susurros del viento frotando la claraboya. Entonces y sólo de ese modo, recobro mis tonalidades, y vuelvo a la mejor versión, del hombre que quiero ser para ti.

— La vida de mi corazón —

Cuando te veo a los ojos, me transportas a otras vidas, a miles de palabras escritas sobre mi piel; con tus amores impregnados en mi alma errante, donde los besos fueron saetas, incrustadas con la fuerza de tus ansias.

Me vi contigo caminando por las Ramblas de Barcelona, mientras la gente huía para guarecerse en una tarde de suave llovizna. Tú, yo, y el ensamblaje de nuestras manos. Te ofrecí mis ávidos labios... los bebiste con agua del cielo, pero al detenerme, con rostro ilusionado me dijiste: vull un petó més.

Muy cerca del Mar Cantábrico, una brisa refrescante nos llevó a Playas de Buelna, donde me leíste algunos poemas de un libro de García Lorca; luego de entre sus hojas sacaste una rosa seca. La flor conservaba su esencia, como aquella vez que lucía esplendorosa cuando la elegí de entre el rosal, cuando la condené con un beso como Judas lo hiciera con Jesús... y así fue que la cortaron y la sentenciaron a tu belleza, porque al aspirar su aroma, adornó tus ojos celestes con un radiar de terneza.

Cuando te veo a los ojos, en verdad que me transportas a otras vidas. Acaso te haya besado dulcemente como en el cuadro de Gustav Klimt. Nos habríamos escapado del frío, cobijados con un manto estelar amarillo, donde flores y estrellas sean dignas de rozar tu cuerpo... y en un viaje de ensueño, las blanquecinas y las zaffres encontrarían reposo en el castaño de tus cabellos.

Quizás fuimos inmortalizados en la perfección de una estatua, quizás nos atrapó el tiempo para vernos posar desnudos al quedar a punto de un beso. Quizás fuimos esos amantes enamorados que inspiraron a Antonio Canova. Yo, fui Cupido, cubriendo tu pecho amorosamente, buscando perpetuidad, reanimándote con mi aliento bajo un leve agitar de alas célicas. Tú, Psique, pronunciando con melosidad, cuando al fin pudiste hablar: il tuo bacio è la vita del mio cuore.

Notas del autor:

-Vull un petó més (catalán): Quiero un beso más.

-Il tuo bacio è la vita del mio cuore (italiano): Tu beso es la vida de mi corazón.

— Cuando estaba enamorado —

Cuando estaba enamorado, veía tortugas besando las raíces de los lirios y entre las aguas, los peces embobados veían el vuelo de mariposas.

Cuando estaba enamorado veía a las garzas darse besos entre los juncos y a los patos pichihuilas, escarbando, para hacerse un collar de caracoles.

Cuando estaba enamorado, la superficie del río sonreía en ligero oleaje, formaba diminutas crestas, y un martín pescador muy presuroso las besaba.

Veía a las plácidas iguanas besar el fruto del guamúchil en vez de comerlo y a las luciérnagas de los sauces, danzar haciendo alegres rondas luminosas.

Cuando estaba enamorado, un viento leve besaba todas las copas de los álamos y en los atardeceres, veía al sol coquetear con las nubes, provocándoles arrebol.

Alguna noche miré a la luna vanidosa, besarse así misma en el reflejo del río y a las estrellas galanteando, haciendo guiños a esa luna en obstinado titilar.

Aún quedan palomas sobre el alambre, que siguen apiñadas en su aparente calma. Quizá me ven y se compadecen de mí pues ya ha terminado la puesta de sol. De pronto sus ojos me observan, bisbisean entre ellas e imagino que me hablan:

La tierra del Humaya habita en su corazón y a ella vive enganchado. Transpira por los poros su anhelo de volver a verle. Besar desea, el bendito suelo que le vio nacer.
Ya no se empeñe en negarlo, que... usted sigue enamorado.

— Evocación de primavera —

Es fragante y suave como una flor de gardenia
así es tu piel cuando acaricia, que seduce y
enajena.
Es un cúmulo de besos de diez inquietas libélulas
así son tus dedos al roce, como pétalos de
hortensias.
Es como el vuelo de mil aves que acicalan los valles
así es la risa desprendida de tu alma jubilosa.

Es como la seriedad de un verdoso y lejano monte
es el tierno brote de hierba y tréboles en la llanura
es el alborozo cántico de pájaros sobre jacarandas
así es tu esencia, tan mística como terrenal.
Es como el colorido revoloteo de las mariposas
volando por doquier, tan lejos, tan alto y vigoroza.

Has nacido y florecido tras un equinoccio
bendecida con calidez solar y lluvias generosas
esparces sobre la tierra tus bondades ilimitadas.
Sabes pintar sonrisas sobre sutiles lienzos vacíos

dotas de fe y confianza para escalar una cordillera

Porque eres así, una incesante evocación de
primavera.

— Entre árboles y canciones —

Usted no tiene la boca de grana como en las coplas de Lara, pero se la canto con mi humilde voz bajo la sombra de este sagrado ahuehuete; quizá sea éste donde llorara su amargura Hernán Cortés aquella noche.

¡Qué venga el júbilo de los besos! Qué erradiquen por siempre cualquier enraizado día, impregnado de lamentos.

Usted, con su cántico me recuerda a aquella lejana y colorida canción, cuando a sus diecisiete, la juventud de Rocío, insistente buscaba el bermellón... color que hoy contemplo sobre sus labios, entretanto, un espacio umbrío del tabachín, sugiere a nuestros cuerpos tumbarse bajo su lindeza.

¡Mire, cómo florean fuego todas sus ramas!, incendiadas como mis ganas de robarle todos los besos. Hallé la malva sobre sus párpados, y el añil en la inmensidad del cielo, pero en sus labios y en esas flores, el bermellón he descubierto.

Usted no cesa en su alborozo con palabras que fluyen del jaspe de sus labios... labios que a veces cubre con cerezas de café. Se agitan nuestros pies con una orquesta rítmica de Sinatra... suena en la radio the *coffee song* y en un instante nos incita y nos deleita el corazón.

Y así, recostados en la hierba, casi al pie de un fresco cafeto, bebemos el néctar de ese arbusto, de una taza compartida, seguida de una lluvia morosa de fragantes besos.

Usted me abraza bajo un deslumbrante árbol de Tule, el cual luce majestuoso y milenario. Él, quizá en su memoria nos guarde un breve espacio para los dos.

Mire usted cómo el hermoso Tule no tiene prisa por vivir, y sigue fuerte y sigue en pie. Ante él brota el murmullo de mi inaudible canto. Soñador y trovador que recurre al apasionado bolero de Velázquez: "Bésame, bésame mucho"… aunque mi anhelo es que esta noche, no sea la última vez.

— Vamos a remojarnos —

Vamos a remojarnos con nuestros cuerpos.
Vamos a refrescarnos con sueños nuevos
removiendo el frívolo paraguas y...
quedarnos a merced de la lluvia.

Remójame los labios dulcemente mientras me
refugio en tus calores.
Guarece esas ansias que adoro, aquí en mi
enardecido pecho... aquí donde atesoro tus amores.

Las ilusiones se ven reforzadas con las texturas
que viajan en el aire:
Extractos de cacao y granos de café...
provocan mi arrebato de besarte otra vez.

Alejémonos de las miradas curiosas...
vamos a remojarnos con nuestros cuerpos
a secarnos con un millar de besos, y, tras el sosiego
de un clímax etéreo... inventar motivos para
empezar de nuevo.

— El Niño, la Luna y el Conejo —

Todos hablan de la luna desde anoche, que se ha lucido tan colosal como esplendorosa. Esparcieron rumores falsos a los chicos más ingenuos, pues les cuentan fue formada enteramente de queso.

Yo sé de embustes y tal cosa es simplemente imposible, aunque mencionen que por eso carezco de fantasía. Pero creerlo es como ver a los planetas como ratones, que tarde o temprano llegarían voraces a devorarla, ¡qué eso no suceda jamás... que mi luna es para adorarla!

!Gracias por ahuyentar las sombras... luna mía!
Eres mi linterna y faro en la oscuridad.
Hoy, nuevamente, eres objeto de habladurías, por tus manchas grises como pintadas con crayón.
Sin embargo, todos omitieron al insigne y noble conejo, al que advierto entre tus tiznes cuando alcanzas tu fulgor.

Y yo que esperaba verle dar algún brinco, pero podría asegurar que le vi agitar las orejas cuando te contemplé, luna mía, con detenimiento.
Hoy dormiré bajo la paz de tu resplandor, por favor cobíjame desde el firmamento. Entretanto, para no

pensar en la dureza ni en el frío del pavimento, hurgaré en mis fantasías y armaré mi propio cuento:

"Pocos saben que la luna clamó a la tierra por un beso, mas la tierra le imploró que mantuviera su distancia. Pero en un acto de piedad, un enamorado y lindo conejo, le ofreció amablemente su compañía y le sonrió desde lejos. Dijo adiós a su madriguera y dio un salto gigantesco. Cuando llegó ante ella le dio un beso tan sublime, que brilló muy reanimada, jurándole su amor eterno.

Pero pasado un tiempo, el conejo miró a la tierra con melancolía. Aunque su dicha era enorme, también sintió que moriría. La bella luna, con su magia lo agrandó para abrazarlo, y al verlo tan sonriente le aspiró el último beso.

Desde entonces, y por eso... en sus paseos siderales, lo muestra petrificado, para que su amor perdure, siendo así inmortalizado".

— Besos que traspasan —

Hubo besos imaginarios, locos e irreverentes, que soñé despierto con poseerles; los que nunca escaparon del placer platónico... ésos fueron fácilmente reemplazables.

Hubo besos enamorados, tiernos y obsesivos, que luego se quebrantaron en desamor y, al no ser correspondidos se dolieron en un vía crucis que un tiempo quise olvidar.

Hubo besos de fuego, ardientes y efímeros, que en un andén subieron a mi tren; los que descendieron en el primer poblado... fueron estrellas fugaces que jamás volví a ver.

Hubo besos insulsos, testarudos y superfluos, que quizá acepté por ahuyentar un trozo de soledad y que incesantes, siguieron tocando a mi puerta, mas me negué a volverlos a aceptar.

Pero tus besos no conocen límites; se ofrecen en absoluta entrega. Los tuyos son elíxir que hacen desvariar mis sentidos. Saben darse enamorados y saben darse apasionados. Atraviesan los labios como sables afilados y penetran la piel con municiones de terneza. Tus besos se vuelcan sobre mí,... al alma tocan, al corazón se cuelan y, como flechas divinas, lo traspasan.

— Pretendí —

Cuando te conocí, pretendí besarte, pero me conformé con imaginarte.

Cuando te soñé pretendí besarte, pero en cada intento solías difuminarte.

Pretendí besarte cuando te admiré, pero temí que surgiera mi lado acosador.

Pretendí besarte cuando te deseé, mas contuve muy dentro de mi pecho, aquel impulso enamoradizo y enardecedor.

Cuando te despedí, pretendí besarte, mas reprimí mi demencial deseo para evitar importunarte.

Cuando ya te amé pretendí besarte, porque en mi ansia de atraerte con pensarte, se enlazaron mis manías de sonreírte y de mirarte.

Y, ahora que te tengo junto a mí, he de desquitarme por todos esos besos, los que en tantas ocasiones… simplemente pretendí.

— Ojos bandoleros —

Ellos son los culpables de mis antojos
y por besar tus labios crearon mi fijación
par de bandoleros mis inquietos ojos
queriendo arrebatar un trozo de corazón.

Hay ciertas miradas que evitan cruzarse
a causa del pasado, de viejas heridas
se esquivan siempre por temor a enamorarse
y en extraña limerencia transcurren sus vidas.

Ojos bandoleros no sean como aquellos
contemplen su boca de rojos tulipanes
insistan con palabras, provoquen destellos
tan fuertes que al mirarlos sean como imanes.

— La Gata y el Cenzontle —

Usted, pasa sigilosa por la calle y hace como que ve las copas de los árboles, me echa una mirada furtiva y finge que fue por casualidad.

Yo, engreído sobre mi rama presumo un silbido provocador que resulta banal. Cada vez que advierta su presencia, no vacilaré en un nuevo y osado intento.

Usted presume una exquisita cadencia en su andar, y de mi ser emerge un manantial de ilusiones.

Yo le admiro cada uno de sus pasos y me descubro soñando que le beso hasta los pies.

Si pudiera usted leerme el pensamiento comprendería mi acrecentada apetencia.
Si pudiera usted percibir como se altera todo mi cuerpo, caminaría asiduamente por mi vera.

Si se aventurara a mirarse en mis pupilas dilatadas, descubriría algo más que su propio reflejo.

Si usted pudiera leerme el corazón, sin dudarlo se abalanzaría a mis brazos.

Pero no, usted camina con pies raudos, con la mirada impasible y los oídos blindados, tomando mi canto por un simple soniquete.

Dispense usted mi ocurrencia, al decirle que me parece una gata salvaje, que me oye, maúlla y me huye, mientras que yo, parezco un cenzontle con mis incontables cánticos y trinar obstinado.

Pero sólo parecemos, porque si lo fuésemos, es probable que el viento soplara a mi favor y usted como hábil felina pajarera, treparía a la bugambilia para pillarme por sorpresa y engullirme con avidez, destrozando mis locuras y callándome de una vez.

Quizá me resulten sus abrazos y mordizcos, un poco sanguinarios... mas no me deje acá arriba con mi delirio, ni con mis besos imaginarios.

— Deshielo —

Dicen que tengo un invierno glacial dentro de mí
que jamás mis labios se han permitido seducir
será por el odio de aquel primer beso, arrebatado
porque hay nevadas que ni el fuego de un volcán…

Dicen que la santidad podría ser mi atuendo
que quizá las oraciones entibien mi espíritu
y así extraigan la impureza de la filemafobia
que las blancas palomas de punzantes picos
devorarán las máculas que yacen en mi alma.

Pensarán que soy un ser frágil y desorientado
como barco de papel flotando en un riachuelo
que terminaré encallado en la primera helada
pero navegaré mis mares y decidiré mi curso
se estrujarán los témpanos al abrir caminos.

Sólo escucharé las voces de gentiles vientos
esas que me traen bondades en sus albricias
que ciertas miradas pueden causar deshielo
incitado por la gracia… de una linda sonrisa.

— Vivo antojado de ti —

Vivo antojado de ti, los días que paso sin verte; antojado por el licor de uvas que exprimiste en mí, una a una. Antojado por la placentera yerbabuena con la que me endulzaste; antojado por la calidez de tu sol, la que entibió mis amaneceres. Vivo antojado de ti, porque el aroma de café es evocación de tus labios, el despertar de los cinco sentidos, que palpitan clamando tu presencia. Vivo antojado de ti... porque al catar tu boca hubo un dejo a chocolate; antojado por el dulzor de la sal de mar, que humedeciste en mis labios.

Vivo antojado de ti, de aquellos días del pasado... y mientras mi ser te extraña, mi alma entera le sonríe a los recuerdos, porque posees el oasis que extasió a este ser errante, sediento de cariño. Antojado por admirar un cielo tan bermejo, por el sonrojo del mar en su emulación, por la naturaleza majestuosa, que hoy insinúa los colores de tus labios.

Y es que, sabes a viento fresco y a vino blanco, a atardeceres encarcelados en mi memoria, a días alegres de apasionados y dulces besos, que el corazón enalteció para no olvidarlos.

— El Jilguero y el Floricultor —

No cabe duda... estabas llena de pavor. Le pedías al jilguero que no te cantara más, que cesara sus armonías ante tu presencia. Mientras las notas añadían melodías para ti, su tonada más sublime y tierna la reprimió.

¡Pobre del jilguero! Se guardó el deseo de llevarte serenata.

Le pedías besos al jilguero y éste te sorprendía, dando con esmero todo cuanto vibraba su corazón; era un ave que iba y venía en su vuelo placentero. Pero no, no debía cantar, lo limitabas a besar... y se creyó dichoso, con la pasión correspondida.

No cabe duda... estabas llena de temores. Le pedías al floricultor que no te llevara rosas, que jamás osara en obsequiarte sus gardenias. Mientras tanto, él, las cultivaba especialmente para ti; sus magnolias y claveles no pudieron conocerte.

¡Pobre del floricultor! Creyendo poseer el mejor vivero, no lo pudo compartir.

Sin embargo, sus besos los aceptaste con fervor.
Acarició tus labios como a pétalos de una flor.
Prendado de tus encantos no veía tus espinas, pese
a la prohibición de usar la palabra amor, mas se
sintió venturoso tan sólo por admirarte.

¡Pobre de mí, por pretender llevarte mi canto! Tan
iluso en mi jardín, soñándote entre mis dalias.

¿Quién era yo ante la arrogancia y la vanidad?
¿Para qué restarle días a tu búsqueda de
grandeza?
Fuiste el ave que adoré, pero que puse en libertad.
Quizá halles un árbol alto donde forjar un nido
colgante.
Y es que, el olivo de tus ojos me despejó las dudas:
Tuviste miedo al amor, y... mucho miedo a
enamorarte.

— Pócima Celestial —

Soy una hoja más entre miles, sobre este césped
soy quien tirita por instantes al arreciar el viento
soy el crujir de las ramas de tu castaño de indias
soy como otra figura pétrea y callada de tu jardín
soy quien relata sus deseos a las nubes pasajeras
quien las mira entrechocar hasta emitir centelleos.

Soy la primera gota sobre la blanca flor de alcatraz
soy el colibrí aventurero que bebe de los rosales
soy quien se mofa de los bichos al verles escapar
soy la parvada de silbones buscando una laguna
soy el idiota que pronuncia tu nombre sin cesar
quien jamás vocifera pero te invoca a su manera.

Soy quien recibe las gotas trepidantes y violentas
soy quien no se acobarda con el retumbo de truenos
soy quien gusta beber la lluvia, sin contemplaciones
soy quien con memorias se martilla su ruidosa mente
soy quien sueña despierto con volver a estrecharte
quien osa murmurar tu caro nombre, repetidamente.

soy quien sosiega su delirio al remojarse la espalda
soy quien permite el abrazo de la humedad del pasto
soy como un colosal dique ya rebosante de anhelos
quien te desea en su futuro por no olvidar sus ayeres
quien aún espera que asomes tu rostro por el
ventanal,
soy el corazón errante que se deleitaría con tu
sonrisa.

Soy quien se iría muy lejos con su demencia a
cuestas
aunque me encierren y me aten, feliz seré al
recordarte
porque valiente fuiste al salir al encuentro de un
loco, dándole lo único y lo último, que de ti tanto
deseaba:
con tu pócima celestial apagaste de su alma el ardor
fue la magia de un beso tuyo, y su poder
apaciguador.

— ¿Lo recuerdas? —

¿Lo recuerdas?

Ambos con la mirada rebosante de ilusiones. Tu mano sobre mi pecho captando la aceleración. Cada nervioso encuentro parecía ser el primero, mas que pudiese ser el postrero, era mi gran temor.

Un perro no cesaba en sus ladridos, enrejado tras un vallado. Una infatigable cigarra amenizaba con su música de fondo. Las palomas silvestres gorjeaban sobre los frescos álamos, luego, rendidas, huyeron, y declaramos victoriosa a la cigarra.

¿Lo Recuerdas?
El siseo de una señora que salió a silenciar al inquieto perro. El obstinado fisgoneo de ella, al descubrirnos empalmados; tan sólo era nuestro abrazo tratando de fusionar las almas. Un horizonte enardecido, robó nuestra atención con su bermellón.

Tu piel desprendía un olor a lima entrelazado con lavanda y, la mía a madera húmeda y vieja, tras una lluvia de verano. Nuestras bocas despojaban hasta el último rastro de menta, y exhortamos a los nacientes volcanes a que mitigasen sus ansias.

¿Lo recuerdas?
El paso de un jinete apresurado, ahuyentó a la indiscreta señora. Nuestros cuerpos ya separados, sólo conectados por las manos. Nuestros sentidos recién avispados se rehusaban a despedirse, y anhelé ser la penumbra venidera, para seguirte abrazando.

Dijiste que rogarías para que los días sin vernos no se eternizaran, y por que el romance se reanudara en la campiña de los sueños. Entretanto, mi mente se llevaría el reflejo de tus iris de avellana, acicalados con ese arrebol pintado, sobre un infinito lienzo azul.

Yo jamás olvidaré… cómo hasta el último instante se eclipsaban nuestras almas… ni cómo las bocas parecían extraer, todo el amor del corazón.

— Beben besos los amantes —

Barriletes bailotean coloreando el viento
blancas balandras nos presume la bahía
ballenas balbucean cánticos en la caracola
bellas baladas emiten e incitan al romance
beben besos los amantes, ignorando al barlovento.

Buque bravío, aventurado brama al apacible oleaje
bellísimos bermejos entintan de sueños al horizonte
brindando beatitudes, los enamorados se bambolean
bocas bizarras se apremian a la entrega de ilusiones
beben besos los amantes, y el mar los baña en su
brisa.

Barbotean bonitas frases, buscando deleitar los oídos
bromean brincando y van batiendo el banco de arena
brújula bipartita cuando se funden dos corazones
bálsamo bendito, se esparce al roce de sus labios...
beben besos los amantes, escondidos tras las brumas.

— Destello de Verano —

Nada importó, de dónde viniste ni a quién perteneciste. Fuiste nuestro desde el instante en que saliste del bolsón. Me elegiste sin yo saberlo, desde la primera caricia; fue un destello de verano el que nuestras vidas cruzó.

El vecino que pasaba aborreció mi acción de abrazarte, y pensar que los egipcios te estuvieran venerando. Tan incomprendido como amado, espécimen impecable, eres de historias nocturnas, enigmáticas y ancestrales.

Como humo grisáseo desde las orejas hasta el rabo, como cascadas las rayas brunas, cayendo a tus costados. Luciste botines níveos y relamidos. Huías de la soledad, tan sigiloso, siempre procurando la calidez de nuestro cobijo.

Lanzabas por sorpresa los besos ásperos de tu lengua... a ella lamías la nariz, luego a mí, alguna de las orejas. Yo toleraba el cosquilleo, por tu tierna muestra de gratitud. Por tu índole amorosa y sinigual, se regodeó mi fortuna.

Un amarillo insondable y dulce, daba brío a tus ojazos. La ventana fue tu confidente para lanzar tu mirada al cielo. Sorprendió a las golondrinas tu enormidad de gato montés, al emigrar cantaron en su trinar, que jamás te olvidarían.

Se aproximaba el otoño, y un día dormiste para siempre. Fue de improviso que un súbito ventarrón te deshizo… nuestros rosales se marchitaron, se anegaron de rocío. Cual pimpollo de rosa, fuiste, en el jardín de nuestra vida.

Al amoroso gato Tizoc.

— Incandescentes —

Tú aprisionas con muy cálidos abrazos, mientras que yo giro en tu torbellino de vocablos.

Tú me hablas sin parar y yo saco provecho, reparto besos sin cesar y te escuchan mis sentidos.

Tú prosigues en melodiosas letras. Tonos dulces y alegres surgen de tu boca, mientras tanto, yo beso el desborde y el vaivén de la pasión.

Tú, eres musa que se entrega al amor. Haces pausas y respondes con frenesí. Me acaricias con la luz de tu mirada, mientras tanto... recorro tu rostro encendido, sin dejar espacio alguno por besar.

Tú, eres oasis para este sediento vagabundo. Refrescas con ternura los labios que te ansían, mientras tanto... los alientos alterados van ahogando las palabras.

Tú, aceleras el ritmo y prosigues con mimosos balbuceos, mientras tanto, futuros vestigios van quedando sobre estremecidas pieles.

Muerdes dulcemente y entregas tus besos incandescentes, escribiéndome con ellos tu nombre; y no basta mi trémulo cuerpo, también lo haces sobre mi alma.

Y, no habrá lluvia torrencial que diluya los besos, para que escurran de mi piel... porque, antes de ser incandescentes, los habías caligrafiado, con tinta indeleble de tu corazón.

— Inmortales —

Tus besos emergen espontáneos con sólo mirarnos. Son mi embeleso y de ellos me aprovecho. Son exquisitamente hechos a mi medida. Saben adivinar lo que los míos desean, saben responder a mis caprichos y antojos.

Tus besos se encuentran con los míos y se reconocen. Sus roces sutiles son un preludio de excitación. Son atrapados por el mordizco de mi boca. Son el termómetro de nuestra ígnea pasión.

Tus besos, se entrelazan con los míos sin piedad. Me encadenan, se rehusan a separarse, a dejar de acariciar, de sentir, de explorar. Me subyugan y me rindo ante su placer.

Tus besos, poseen la humedad que consigue saciar mi sed. Tus besos son peregrinos incansables sobre mi cuerpo; no permiten que se marchiten mis pétalos y los hidratas con deleitosas gotas de rocío.

Tus besos son ladrones de mi agitado aliento. Entregas con ellos un lenguaje impronunciable, mas con pericia, escriben sobre mi piel:

"Adoraría tus besos en otras mil vidas, aunque los cuerpos se extingan, aunque se agrieten los tiempos.

Sempiternos… inmortales… serán para mí, tus besos".

— Insomnio —

Otra madrugada de insomnio me sorprende. No existe claridad que se trasluzca por las cortinas. La paz deambula por los pasillos, abrazada a mis recuerdos. Creo escuchar los mismos sonidos de cuando era pequeño:

Un chapoteo en las aguas de un río, hoy en día inexistente; hay ladridos lejanos, son perros que le aúllan a mi sombra... somos siluetas vagabundas que recorren viejos escenarios, y me refugio en tu cuerpo, temiendo ahuyentar tus sueños.

Va creciendo la inventiva y voy trotando en las veredas. Trepo al árbol más alto y al río arrojo mis pesadumbres. Un niño iluso pero con fe de que habrá un mejor mañana; por eso me quedo ahí, para atestiguar la llegada del alba. Abajo, una bruma blanquecina se remueve y se desvanece.

Una imagen emerge sin prisa por la superficie del agua, y… es tu rostro durmiente y apacible, esperando el nuevo día; entonces comprendo que mis deseos me llevaron a donde estoy.

Un rumor incipiente se escucha, es la suma de los ruidos, tan leves, que son como murmullos… es el despertar de la ciudad.

Entrego un par de besos a la palidez de tu mejilla izquierda; son parte de los besos sigilosos de mis negros amaneceres. De ellos jamás te enterarás, porque esto es algo que jamás te contaré, que escribiré, y que quizá nunca leerás.

— Diluvio —

Ella, desde su pupitre lo mira y...
coloridas libélulas revolotean por su estómago.
Él, sentado en un rincón, la mira y...
una nívea paloma se va agitando en su pecho.

Sus libélulas soñadoras vuelan al parque de la cita
imagina sus tibias manos acariciando con sutileza.
Su paloma alza el vuelo y elige un árbol de
eucalipto. Apurará los ávidos labios y sus manos
anhelantes.

Ella lo imagina, retiene su perfume en un ósculo
infinito, y fluye lento hacia el corazón, el bálsamo
dulce de sus labios.

Él la imagina... desde la raíz hasta las copas de las
ramas. Ambos tallarán sus nombres sobre la
corteza del árbol.

Sus ropas ya transpiran el aroma del fragante
eucalipto. Los abrazos toman fuerza cuando el
crepúsculo se acerca.
Una lluvia caudalosa y trepidante los empapa de
ilusiones, son sus palabras amorosas que...
a punto están del diluvio.

— Angelical —

El universo me observa a través de tus ojos
me siento empequeñecido ante tu presencia
dime de dónde vienes y dónde habías estado
llegaste en un haz de luz con alas de querubín.

¡Qué diminuta es la mano que busca tocarme!
¡Qué purísima tu manera de palpar mi rostro!

Duerme en mis brazos con tu paz profunda
me engrandece la ventura de tu sonrisa leve
me enternece la belleza de tu faz angelical
quisiera dormir también y en tu sueño volar.

Cuando despiertes, cariñito, vuélveme a ver…
así… como si me conocieras desde siempre
que quiero sentir la dicha de lo que es divino
y besar la candidez de tus pies y tus mejillas
porque darte un beso, es como besar el cielo.

— Mientras el mundo ruede —

Mientras el mundo ruede, quiero rodar sobre él
que en mis andares suenen tus pies a mi costado
yendo a veces jubilosos por florecientes praderas
y otras, trastabillando por las gélidas hondonadas.

Hubo días de fuertes e incesantes granizadas
querían resquebrajar a los tejados del corazón
hubo vendavales arreciándonos con gran furia
mas no debilitaron a los ventanales del amor.

Mientras el mundo ruede, quiero rodar sobre él
que en los giros de mi rueda, seas tú mi fortuna
asperjando los surcos con las mieles de los besos
veremos cómo germinan los girasoles del cariño.

Habrá días sombríos, dominados por un eclipse
se iluminará mi alma con la chispa de tu mirada
habrá jornadas en que enfrente una batalla interna
mas estrecharé la paz, ésa que irradias cuando
duermes.

— Besos en plenilunio —

Ojos colmados de luz de luna

luna llena de irisados suspiros

suspiros pletóricos de sueños

sueños aderezados de amores

amores engastando corazones

corazones sedientos de cariño

cariño que ofrecen las miradas

miradas suplicantes de besos

besos incitando a las caricias

caricias que atestigua el plenilunio

plenilunio fúlgido… que iluminó sus ojos.

— Púrpura de Alhelí —

Cerré los ojos para así imaginarte en mi mañana
pero nuestras siluetas lentamente se desvanecían
sentí que te alejabas, y mi corazón se desgarraba
y el canto de los ángeles se trocaba por un réquiem.

Debo confesar, que no fue amor a primera vista
pero en mi pecho comenzó a cantar un ruiseñor
y aletearon mariposas sobre un púrpura de alhelí
resultó que lo mío fue… amor a primera sonrisa
y me soñé a tu lado, y en la pradera, nuestro chalet.

Quiero recordar cómo llegaron nuestros labios a unirse
cómo silenciamos las bocas para sentirnos con el alma
pero el bardo dentro de mí, armaría un pandemónium
lanzando utopías al viento en las notas de su embeleso.

— Embrujo incendiario —

¿Cómo explicar este embrujo de tus besos si el brebaje sigue intacto? Debió ser… la acaramelada manzana de tus labios. Debió ser… el toloache que embadurnaste en ellos, o que traspasó mis antojos, con su intenso sabor a locura.

¿Por qué siento el mareo de tus besos si el mar continúa en bonanza? Debió ser… el azul profundo de tus ojos. Debió ser… tu canto hipnótico de sirena, o que mojaste mis costas con la fuerza de un tsunami.

¿Por qué me invade el aroma de tus besos, si el perfume está sellado? Debió ser… esa fragancia célica de tu piel. Debió ser… el bálsamo que embebí de tus labios, o quizá la esencia que tu boca rebozó por mis mejillas.

¿Por qué me recorre el calor de tus besos si la hoguera aún no arde? Debió ser… tu mirada de fuego fijada en mis iris. Debió ser... el verano palpitante de tus manos, o quizá el amago de incendio, que tu boca intentó provocarme.

— Besos al cristal y al papel —

Desde que te marchaste al infinito, dejaste en la nevera un dulce de frutas que con cariño elaboraste. Tomo el envase vacilando entre comerlo o dejarlo. Beso el cristal, su circunferencia, de arriba abajo, por si acaso están ahí, tus benditas huellas digitales. Lo contemplo y me figuro el bello reflejo de tu rostro, y me traslado hacia mis días escolares de primaria:

Dos chicos y una niña riendo entre ellos al mirarme… porque tus labios escarlata sobre una de mis mejillas pintaste. Un sentimiento de felicidad fue superior a la vergüenza; en repetidas ocasiones con esa situación me deleitaste.

Madre, los años pasan y aún es increíble vivirlos sin ti. Cómo no añorar esos besos de amor profundo y verdadero. Tras tu partida aprendí a besar esos grabados de papel, esas estampas añosas, tinta seca pero vívidas por mi devoción… fotografías, que son obsequios de tu figura y de tu franca sonrisa.

Beso el cristal que resguarda una de ellas, tú sabes cual; incluso me da por besar la pantalla del computador. Agrando la imagen, acaricio tu dulce gesto al sonreír. El zoom me acerca a tus brazos, a mi adorable querencia. Mis ojos se cierran por la conexión de mente y corazón. Consigo recrear las inflexiones y la ternura de tu voz, y... revivo los mil y un besos que le diste, al niño que tantas veces estrechaste tiernamente, cuya felicidad incontenible, con tu amor encendiste.

A mi madre, Rosario, con infinito amor.

— Saltamontes —

Como agujas e hilos líquidos van cayendo
al valle le van tejiendo una manta verde
sí, primaveral será su nueva vestimenta
¡qué remojados lucen ahora mis pastizales!

Observo la lluvia y cómo se moja la ciudad
diluvian en mí, los recuerdos felices de ayer
y el raudal va anegando mi mirada ausente
y fluyen vibrantes, y estremecen las entrañas.

La piel entera se sacude los escalofríos
es que añora la lluvia de besos que adora
afuera llueve frío y humedece soledades
y dentro de mí... llueven las remembranzas:

En aquel entonces era un simple saltamontes, que
emigró de la floresta a un enorme pastizal, y de ahí
vagabundeaba hacia un encantador rosal. Mi
disfrute era saltar y saltar para enamorarla.

En verdad quería conquistar a esa bella rosa. ¡Qué hermosa se lucía con su brillante tono magenta! Y aunque me ignoraba, persistí. Brinqué sobre cada rama, cada tronco y cada roca a su alrededor, hasta que un día… la rosa se marchitó.

Mas fueron días felices, porque me había mirado con fascinación, sonreído con su pétalos preciosos, y, envuelto en los sublimes abrazos de su fragancia.

— Año 2073 —

Se le ve a usted con ojos de melancolía, ¿acaso abrazando con fuerza los recuerdos? No quiere que se le escapen, ¿no es así? No quiere que se diluyan en la nada del tiempo.

Nunca llegaron los hijos que tanto soñó, a quienes escribió sus cuentos con tinta del corazón. Pero ese brillar en su mirada, ese bajar reflexivo de sus párpados, sabe que (al menos) un millar de infantiles abrazos recibió.

Gotas saladas fluyen tibias y lentas, se deslizan por los surcos de su cara, porque… ahora recuerda al amor de su vida, quien rompió la promesa de marcharse junto a usted.

Días gloriosos en que manos, ojos y bocas, se expresaban mucho más que las palabras.
Amor de otoño, de café y hojas de maple. Amor acendrado como densa nieve de invierno.
Ni siquiera un ardiente verano lo hizo… separar sus almas gemelas tras el sudor de sus cuerpos.

Ahora piensa en la posibilidad de haberme defraudado, ¡Jamás lo hizo!, pues usted se abrió camino en su vuelo de luciérnaga; dedicó su vida a ser feliz, y alumbró las veredas de sus semejantes.

Día tras día seguirá con la misma remembranza, hasta que el mundo pare de girar, o bien, hasta que su mente siga en la rueda de la vida. Con un centenario a cuestas, es usted un milagro viviente, por eso y más, me enorgullece verle.

Usted es el hombre que más me ha querido. Quisiera verlo en mi futuro, aunque no es probable que suceda, porque el joven que soy ahora, ya no estará sobre la tierra.

Ahora me ha besado la mejilla con labios trémulos y fríos. Un ósculo vibrante para volver a mi realidad… para volver a mi tiempo.

Verle en mi espejo ha sido una hermosa epifanía. Seré yo quien se esmere para no decepcionarle, plasmando y esparciendo sus letras, sean oscuras o infantiles, sean tristes o dichosas; por el cariño inconmensurable que de su alma he recibido.

— La vida por un beso —

Quizá te alejaste porque, hubo sueños que no cumplimos, o en la búsqueda no nos hallamos, porque ambos huímos. Quizá mis labios se secaron y son arenas de un desierto, pero, recorrería el Sahara, aunque muriese en el intento.

Tal vez le sonría a la gente, para ignorar mi cataclismo
mas clavada vas en mi pecho, removiéndote en un sismo. Ojalá que me alcance el aliento para cruzar la Patagonia, aunque mis fornidas piernas, terminen en parsimonia.

Quizá se drenaron mis ojos por las sequías de tu ausencia; sé bien que al mirar los tuyos, el llanto será su afluencia. Cruzaría el Himalaya, lanzando al frío viento las bengalas, serían de amor y recuerdos, sus luminosas y blancas alas.

Quizá me extasíen los amaneceres y no me sienta desolado, cargando una valija de ilusiones, por si no me has olvidado. Cruzaré cielos y mares, aunque mi corazón no llegue ileso... yo seguiré bajo las tormentas, dando la vida por un beso.

— Sepulcro —

Soy partícula de polvo en el vasto universo
materia que el tiempo insiste en desintegrar
una mudanza a una etérea dimensión de luz
inevitables lágrimas, arrancadas por el dolor.

Un cariño tan inmenso, anula la despedida
existo y siento, por eso existes tú también
gélida mejilla, percibió mi beso valiente
viaja, emigra, que inmortal sea tu esencia.

Y hoy, sentado a un costado del sepulcro
un arbusto, una avecilla y su mirada tierna
un ruego, un vuelo y se posó en mi hombro
vibración extraña... conexión espiritual
un breve instante y quizá una voz inaudible
alzó el vuelo y, yo aún pasmado de asombro
se marchó al azul celeste tras su visita fugaz
me dejó enmudecido... me dejó lleno de paz.

— Que no pare el corazón —

Que no pare el corazón de bombear recuerdos, de palpitar con fervor por el presente, de latir su frenesí por el futuro.

Que no cese jamás en su búsqueda de sueños, en su fe por mantenerlos, en su lucha por cumplirlos.

Que nunca caiga el corazón en la ceguera, que vea con los ojos del alma y sean faros en las tinieblas.

Que no lo desintegre el volcán del desaliento, y si acaso su lava lo alcanza, que de las cenizas renazca.

Que no se aterrorice cuando amenace tormenta, que de su miedo surja el valor y de las lágrimas fortaleza.

Que no pare el corazón de pulsar sus fantasías, de ser ese intrépido guerrero que vence a sus dragones.

Que no se rinda ante los obstáculos de su sendero, que aun si el camino fuese tortuoso, cruce sus metas con alborozo.

Que jamás logre elevarlo el vendaval de la soberbia, que sólo obedezca a los vientos de humildad y gentileza.

Que no se reprima el corazón en expresar lo que siente, que no oculte su afán por abrazar la vida, y que jamás se guarde… los besos que apetece.

— Diamante —

Fue el destino o mi locura, que llegué sin invitación
fue mi descaro de bailar, aquel vals de tus quince
años
fue tu mirada sonriente, como un flechazo al corazón
intenté besar tu frente y, rocé tus rizos castaños.

Fue aquella amistad naciente, la que un buen tiempo
perduró... fue al cumplir mis diecisiete, que tú
besaste mis pestañas... fue el sonrojo de tus pómulos,
lo que un romance auguró, y a tu ser quedé prenda-
do, con el alma y las entrañas.

Con cinceles en los labios, esculpimos nuevos besos
con las almas encantadas, ya no bastaba con soñar
el amor viajó en cartas, cuando estuvimos lejos
mas un lustro de ilusiones nos llevaría hasta el altar.

Fue lo más maravilloso, ver germinar nuestro jardín
cubrir los días de plata y, ver nuestras flores retoñar

le dimos vida al tiempo, y el tiempo extendió su confín, y nuestro buque dorado, navegó manso en altamar.

Quien nos viera de la mano, hoy en nuestro aniversario, con un beso de diamante, y… otro sello en el lunario.

— Reencuentro en la Alameda —

A pesar de los surcos que el arado de la vida ha dejado en mi frente, que mi pelo escasea y sólo refleja el tono de las nubes... a pesar de que el cuerpo se aligeró como si el tiempo tuviese la misión de carcomerlo... a pesar de que mi ropaje parecía ser sacado del armario de otro siglo... ¡Me reconociste!

Apoyaba mi peso contra una farola, mientras mi mente volaba por senderos del pasado. Justamente en ti pensaba, y casualmente recordaba cuando decidiste convidarme aquel terrón de azúcar. Éramos casi niños cuando nos conocimos:

Transcurrió el tiempo y dos corazones se habían transformado en ubérrimas colmenas, donde celdillas secretas esperaban siempre con ansias el depósito de miel. De nuestras miradas surgieron miles, quizás millones de abejas; un enjambre que invariablemente volaba estremecido hacia los labios para libar el néctar con alboroza avidez. Fueron los besos que marcarían mi vida, y culpé al dulzor compartido por no conseguir olvidarlos.
Mas hubo un tiempo de tontos disgustos, de decisiones erróneas, propias de nuestra edad, de

alejamiento y de orgullo. Un tristísimo atardecer, con maleta en mano, por el camino de los álamos me marché, aunque dispuesto a volver, mas, deseando que me extrañaras.

Y en esa breve tregua, otro hombre apareció. Hubo fortuna en sus bolsillos y deslumbró todo tu ser con palabras seductoras, con espléndidas propuestas. Entonces hiciste a un lado nuestros sueños con el porvenir que te ofreció.

Ahora, yo, estaba ahí apostado, admirando la hermosura que aún conservas; pude huir pero… alguna extraña fuerza del universo me inmovilizó, dejando mi humanidad pegada a la farola. Fingí vender mis sueños en una buhonería imaginaria, donde solamente yo terminaba dando un céntimo por ellos, cuando sucedió… en tu andar por la alameda, tus ojos se posaron en los míos.

Yo, luciendo como un plebeyo errante, y tú, la dama distinguida con un garboso andar. ¿Cómo pudo ser posible, después de tanto tiempo?

Mis pulsaciones aumentaron cuando te tuve frente a mí, nerviosamente preguntando si te recordaba. Por un instante titubee. Extendí mi mano para saludarte, pero únicamente las miradas hablaron,

luego, por un tiempo indefinido mi menté voló
como un vertiginoso rayo, hacia el pasado:

Regresaba a ti una y otra vez... ¿para qué?
si cada vez que buscaba un "todavía te amo"
en tus pupilas huidizas, tus hoscas palabras
eran el mecanismo disparador, y yo...
gradualmente deslizaba mi turbada cabeza.

Una inclemente ventanilla la recibió
la prensó con despiadada intención
la de cortar de tajo la necedad de mi quimera.
Y pese a quedar atrapado por el pescuezo
sentí la fatalidad en mi aprisionado pecho.

Y entonces, dejaste caer la cuchilla sin piedad...
No la sentí en mi cuello, la sentí en el corazón.
En vez de un charco de sangre profusa,
uno de lágrimas, a tus pies se formó.
Sin embargo, el cielo al verme así se conmovió
y renací días después, sólo para volver a ti.
Buscarte significaba que perecería de nuevo
bajarías sin piedad la guillotina de tu voz.

Tú, la misma que prometió amor eterno...
nunca supe si fue un cariño verdadero o irreal

o acaso el efímero producto de un capricho.
Pero... ¡qué poder el de tus palabras!
¡Qué ingenua e insensata víctima fui…
suplicando migajas de amor a su verdugo!

Después vinieron las balas directas al corazón con tus preguntas. Un silencio dominante se adueñó de mi garganta, y al cabo de un rato, sólo respondí con otra pregunta. Al no obtener las respuestas esperadas, prontamente, decidiste marcharte, no sin antes incitarme a un abrazo que no pude rechazar, y… con esa brevedad de la cercanía de nuestros cuerpos, me bastó para descubrir tu arrepentimiento, o acaso un infortunio que no conseguiste ocultar, o la melancolía divagando entre lo que fue y lo que pudo haber sido.

Te fuiste sin prisa, con naturalidad, mientras estabas al alcance de mi vista. Te seguí sin que me vieras. Una pañoleta rosa parecía enjugar tu rostro, mismo que no dejaba de apuntar al suelo. Ibas como encorvando la vida hacia la nostalgia, como regresando al carruaje majestuoso que conduce hacia un destino que jamás llegó.

¿Para qué remover el pasado de aquel amor genuino, pero que desechaste? ¿Para qué conservar las cartas y la fotografía? Los sentimientos plasmados en papel se tornaron en cenizas, y se fueron al vuelo del primer soplo de un sábado que amenazaba con llover. ¿Cómo explicarte que leerlas era casi un acto de masoquismo? ¿De qué hubiera servido decirte que aún eras habitante de un innoble corazón?

La única respuesta que te llevaste de mis labios fue otra pregunta:
¿Cómo podría olvidarte si no hay nada más presente que el pasado?

Por supuesto que no te olvidé, pero por suerte mi corazón fue habilidoso, generó otras moradas y alojó nuevos amores; decidió seguir viviendo, tal como lo hiciste tú.

— Entre cielos mágicos —

¿Cuántos soles ardientes, y, cuántas lunas sutiles
tengo sin verte?
No sabría decirlo, pero miro al cielo.

¿Cuántas golondrinas vuelan en su alborozo, y,
cuántas gaviotas surcan las playas sin cesar?
Y las contemplo, mas no sé por qué miro al cielo.
Y me hablan sus formas, sus nubes, quizá
caprichos de un viento inspirado y vagabundo.

El Pacífico enardece en lo alto y hay ángeles que
pintan sus besos con brochazos delirantes
y en un bostezo, el cielo consume el horizonte con
tintes de nostalgia, y… no sé por qué miro al cielo.

De noche los soles lejanos emiten susurros
son voces que se entremezclan y luego se pierden
en su viaje infinito.
Estrellas mías, algún día captaré sus fugaces ecos,
y sus destellos titilarán en mis pupilas.

¿Cuántos relámpagos estremecen e iluminan
nuestras noches?
¿Cuántos arcoíris consiguen traspasar y ablandar
las almas?

¿Cuántos soles ardientes, y, cuántas lunas sutiles tengo sin verte?
No lo sé, pero siempre miro al cielo.

Cuando te pierdas entre cielos mágicos como yo... sabrás que en esos momentos estaré extraviado en sus empíreos colores, y será evidente... y será innegable, que me dejé acorralar por tus recuerdos.

— Suéñame, que yo te sueño —

Suéñame, que yo te sueño
a veces dormido y a veces despierto
y al soñarte eres luna que abre grietas en el alma
tu luz invade mi ser con suaves caricias
tu luz me estrecha intensamente, pero no ciega
las grietas que no hieren, ahora se cierran con un
murmullo de tu voz.

Suéñame, que yo te sueño
con mis párpados cediendo a un viaje onírico
o con mis ojos abiertos, ansiando tu sonrisa
palpo tus manos en un instante pero luego se
desvanecen.
Tu rostro se desdibuja lentamente y me apresuro a
besarlo, y la sonrisa que añoraba, queda atrapada
entre mis labios.

Suéñame, que yo te sueño
a veces dormido y a veces despierto
y en mis sueños, busco nuevamente el abrazo de mi
luna.
Soy un búho intrépido con un plumaje cargado de
memorias
cada pluma es un trozo de melancolía, pero no me
importan

vuelo alto, buscando los cabos de mi luna, sin temer por mi vida.

Al perderla de vista, mi ser entero le grita:

¡Piénsame, que yo te pienso! Y... ¡Quiéreme, que yo te quiero!

Mi luna despedaza las brumas, y aparece, más bella que antes.

Ahora resplandece en plenilunio y su faz se transforma en la tuya.

Por eso, suéñame, que yo te sueño, le repito.

Bésame, que yo siempre te beso... me responde.

Otros libros del autor:

© "**Entre el río y las estrellas**", relatos infantiles (2017).

© "**Mary Libélulas y las Cartas de Amistad**", cuentos infantiles (2018).

© "**Ojos de Cabra**", novela de ficción, suspense y aventura (2020).

Made in the USA
Las Vegas, NV
07 February 2024

85374788R00062